I LOVE YOU

I LOVE YOU

JOHNNY ESTRADA
LIBERTY HILL

Liberty Hill Publishing
2301 Lucien Way #415
Maitland, FL 32751
407.339.4217
www.libertyhillpublishing.com

© 2023 by Johnny Estrada

All rights reserved solely by the author. The author guarantees all contents are original and do not infringe upon the legal rights of any other person or work. No part of this book may be reproduced in any form without the permission of the author.

Due to the changing nature of the Internet, if there are any web addresses, links, or URLs included in this manuscript, these may have been altered and may no longer be accessible. The views and opinions shared in this book belong solely to the author and do not necessarily reflect those of the publisher. The publisher therefore disclaims responsibility for the views or opinions expressed within the work.

Paperback ISBN-13: 978-1-6628-6796-5
Hard Cover ISBN-13: 978-1-6628-6797-2
Ebook ISBN-13: 978-1-6628-6798-9

DEDICATION

This book is dedicated to all the people around the world who are in love, and to the people who want romance. Falling in love is...the greatest feeling in the world. Love just is...

All about the Author

My name is Johnny Estrada. I am a United States Navy veteran. I served one-year shore duty at Naval Air Station Pensacola Florida and three seasick years on board USS Papago ATF 160. I live in southern California.

This book is all about the feelings of love. I believe in… love at first sight. I am sure you have heard the expression "I love you this much…" Well, in this book I have expressed the same thing but in words by repeatedly saying "I love you" throughout each chapter.

Table of Content

CHAPTER		PAGE
1	First time	1
2	The touch	6
3	The kiss	11
4	loyalty	16
5	kind	21
6	near me	26
7	walking	31
8	your scent	36
9	our dance	41
10	smile	46
11	your eyes	51
12	companionship	56
13	yearning feeling	61
14	my love	66
15	respect	71

Chapter 1

First Time

The first time I saw you, I wanted to run up to you, hold you in my arms, kiss you, and tell you that...

I love you, I love you, I love you,

I love you, I love you, I love you,

I love you, I love you, I love you,

I love you, I love you, I love you,

I love you, I love you, I love you,

I love you, I love you, I love you,

I LOVE YOU

I love you, I love you, I love you,

I love you, I love you, I love you,

I love you, I love you, I love you,

I love you, I love you, I love you,

I love you, I love you, I love you,

I love you, I love you, I love you,

I love you, I love you, I love you,

I love you, I love you, I love you,

I love you, I love you, I love you,

I love you, I love you, I love you,

I love you, I love you, I love you.

I love you, I love you, I love you,

First Time

I love you, I love you, I love you,

I love you, I love you, I love you,

I love you, I love you, I love you,

I love you, I love you, I love you,

I love you, I love you, I love you,

I love you, I love you, I love you,

I love you, I love you, I love you,

I love you, I love you, I love you,

I love you, I love you, I love you,

I love you, I love you, I love you.

I love you, I lov you, I love you,

I love you, I love you, I love you,

I LOVE YOU

I love you, I love you, I love you,

I love you, I love you, I love you,

I love you, I love you, I love you,

I love you, I love you, I love you,

I love you, I love you, I love you,

I love you, I love you, I love you,

I love you, I love you, I love you,

I love you, I love you, I love you,

I love you, I love you, I love you,

I love you, I love you, I love you.

I love you, I lov you, I love you,

I love you, I love you, I love you,

First Time

I love you, I love you, I love you,

I love you, I love you, I love you,

I love you, I love you, I love you,

I love you, I love you, I love you,

I love you, I love you, I love you,

I love you, I love you, I love you,

I love you, I love you, I love you,

I love you, I love you, I love you,

I love you, I love you, I love you,

I love you, I love you, I love you.

I love you, I lov you, I love you,

I love you, I love you, I love you,

Chapter 2

The Touch

When we first touched each other, my body temperature went from 98.6 to 105 degrees Fahrenheit. I got this warm feeling all over my body. I felt weak and excited, and I could not wait to tell you...

I love you, I love you, I love you,

I love you, I love you, I love you,

I love you, I love you, I love you,

I love you, I love you, I love you,

I love you, I love you, I love you,

I love you, I love you, I love you,

The Touch

I love you, I love you, I love you,

I love you, I love you, I love you,

I love you, I love you, I love you,

I love you, I love you, I love you,

I love you, I love you, I love you,

I love you, I love you, I love you,

I love you, I love you, I love you,

I love you, I love you, I love you,

I love you, I love you, I love you,

I love you, I love you, I love you,

I love you, I love you, I love you.

I love you, I love you, I love you,

I LOVE YOU

I love you, I love you, I love you,

I love you, I love you, I love you,

I love you, I love you, I love you,

I love you, I love you, I love you,

I love you, I love you, I love you,

I love you, I love you, I love you,

I love you, I love you, I love you,

I love you, I love you, I love you,

I love you, I love you, I love you,

I love you, I love you, I love you.

I love you, I love you, I love you,

I love you, I love you, I love you,

The Touch

I love you, I love you, I love you,

I love you, I love you, I love you,

I love you, I love you, I love you,

I love you, I love you, I love you,

I love you, I love you, I love you,

I love you, I love you, I love you,

I love you, I love you, I love you,

I love you, I love you, I love you,

I love you, I love you, I love you,

I love you, I love you, I love you.

I love you, I love you, I love you,

I love you, I love you, I love you,

I LOVE YOU

I love you, I love you, I love you,

I love you, I love you, I love you,

I love you, I love you, I love you,

I love you, I love you, I love you,

I love you, I love you, I love you,

I love you, I love you, I love you,

I love you, I love you, I love you,

I love you, I love you, I love you,

I love you, I love you, I love you,

I love you, I love you, I love you.

I love you, I love you, I love you,

I love you, I love you, I love you,

CHAPTER 3

The kiss

When we first kissed, I wanted the kiss to go on and on and on and for the kiss to never end. To me, kissing you means...

    I love you, I love you, I love you,

    I love you, I love you, I love you,

    I love you, I love you, I love you,

    I love you, I love you, I love you,

    I love you, I love you, I love you,

    I love you, I love you, I love you,

I LOVE YOU

I love you, I love you, I love you,

I love you, I love you, I love you,

I love you, I love you, I love you,

I love you, I love you, I love you,

I love you, I love you, I love you,

I love you, I love you, I love you,

I love you, I love you, I love you,

I love you, I love you, I love you,

I love you, I love you, I love you,

I love you, I love you, I love you,

I love you, I love you, I love you.

I love you, I love you, I love you,

The kiss

I love you, I love you, I love you,

I love you, I love you, I love you,

I love you, I love you, I love you,

I love you, I love you, I love you,

I love you, I love you, I love you,

I love you, I love you, I love you,

I love you, I love you, I love you,

I love you, I love you, I love you,

I love you, I love you, I love you,

I love you, I love you, I love you.

I love you, I love you, I love you,

I love you, I love you, I love you,

I LOVE YOU

I love you, I love you, I love you,

I love you, I love you, I love you,

I love you, I love you, I love you,

I love you, I love you, I love you,

I love you, I love you, I love you,

I love you, I love you, I love you,

I love you, I love you, I love you,

I love you, I love you, I love you,

I love you, I love you, I love you,

I love you, I love you, I love you.

I love you, I love you, I love you,

I love you, I love you, I love you,

The kiss

I love you, I love you, I love you,

I love you, I love you, I love you,

I love you, I love you, I love you,

I love you, I love you, I love you,

I love you, I love you, I love you,

I love you, I love you, I love you,

I love you, I love you, I love you,

I love you, I love you, I love you,

I love you, I love you, I love you,

I love you, I love you, I love you.

I love you, I love you, I love you,

I love you, I love you, I love you,

CHAPTER 4

Loyalty

My love for you is unconditional. You made love happen for me. My deep, loving feeling is always saying...

    I love you, I love you, I love you,

    I love you, I love you, I love you,

    I love you, I love you, I love you,

    I love you, I love you, I love you,

    I love you, I love you, I love you,

    I love you, I love you, I love you,

Loyalty

I love you, I love you, I love you,

I love you, I love you, I love you,

I love you, I love you, I love you,

I love you, I love you, I love you,

I love you, I love you, I love you,

I love you, I love you, I love you,

I love you, I love you, I love you,

I love you, I love you, I love you,

I love you, I love you, I love you,

I love you, I love you, I love you,

I love you, I love you, I love you.

I love you, I love you, I love you,

I LOVE YOU

I love you, I love you, I love you,

I love you, I love you, I love you,

I love you, I love you, I love you,

I love you, I love you, I love you,

I love you, I love you, I love you,

I love you, I love you, I love you,

I love you, I love you, I love you,

I love you, I love you, I love you,

I love you, I love you, I love you,

I love you, I love you, I love you.

I love you, I love you, I love you,

I love you, I love you, I love you,

Loyalty

I love you, I love you, I love you,

I love you, I love you, I love you,

I love you, I love you, I love you,

I love you, I love you, I love you,

I love you, I love you, I love you,

I love you, I love you, I love you,

I love you, I love you, I love you,

I love you, I love you, I love you,

I love you, I love you, I love you,

I love you, I love you, I love you.

I love you, I love you, I love you,

I love you, I love you, I love you,

I LOVE YOU

I love you, I love you, I love you,

I love you, I love you, I love you,

I love you, I love you, I love you,

I love you, I love you, I love you,

I love you, I love you, I love you,

I love you, I love you, I love you,

I love you, I love you, I love you,

I love you, I love you, I love you,

I love you, I love you, I love you,

I love you, I love you, I love you.

I love you, I love you, I love you,

I love you, I love you, I love you,

CHAPTER 5

Kind

You are the kindest person I know. You make me happy. You are considerate. You bring joy into my life, and for this...

I love you, I love you, I love you,

I love you, I love you, I love you,

I love you, I love you, I love you,

I love you, I love you, I love you,

I love you, I love you, I love you,

I love you, I love you, I love you,

I LOVE YOU

I love you, I love you, I love you,

I love you, I love you, I love you,

I love you, I love you, I love you,

I love you, I love you, I love you,

I love you, I love you, I love you,

I love you, I love you, I love you,

I love you, I love you, I love you,

I love you, I love you, I love you,

I love you, I love you, I love you,

I love you, I love you, I love you,

I love you, I love you, I love you.

I love you, I love you, I love you,

Kind

I love you, I love you, I love you,

I love you, I love you, I love you,

I love you, I love you, I love you,

I love you, I love you, I love you,

I love you, I love you, I love you,

I love you, I love you, I love you,

I love you, I love you, I love you,

I love you, I love you, I love you,

I love you, I love you, I love you,

I love you, I love you, I love you.

I love you, I love you, I love you,

I love you, I love you, I love you,

I LOVE YOU

I love you, I love you, I love you,

I love you, I love you, I love you,

I love you, I love you, I love you,

I love you, I love you, I love you,

I love you, I love you, I love you,

I love you, I love you, I love you,

I love you, I love you, I love you,

I love you, I love you, I love you,

I love you, I love you, I love you,

I love you, I love you, I love you.

I love you, I love you, I love you,

I love you, I love you, I love you,

Kind

I love you, I love you, I love you,

I love you, I love you, I love you,

I love you, I love you, I love you,

I love you, I love you, I love you,

I love you, I love you, I love you,

I love you, I love you, I love you,

I love you, I love you, I love you,

I love you, I love you, I love you,

I love you, I love you, I love you,

I love you, I love you, I love you.

I love you, I love you, I love you,

I love you, I love you, I love you,

Chapter 6

Near Me

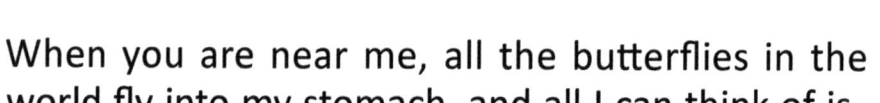

When you are near me, all the butterflies in the world fly into my stomach, and all I can think of is... how much I love you,

    how much I love you, how much I love you,

    how much I love you, how much I love you,

    how much I love you, how much I love you,

    how much I love you, how much I love you,

    how much I love you, how much I love you,

    how much I love you, how much I love you,

    how much I love you, how much I love you,

Near Me

how much I love you, how much I love you,

how much I love you, how much I love you,

how much I love you, how much I love you,

how much I love you, how much I love you,

how much I love you, how much I love you,

how much I love you, how much I love you,

how much I love you, how much I love you,

how much I love you, how much I love you,

how much I love you, how much I love you,

how much I love you, how much I love you,

how much I love you, how much I love you,

how much I love you, how much I love you,

how much I love you, how much I love you,

I LOVE YOU

how much I love you, how much I love you,

how much I love you, how much I love you,

how much I love you, how much I love you,

how much I love you, how much I love you,

how much I love you, how much I love you,

how much I love you, how much I love you,

how much I love you, how much I love you,

how much I love you, how much I love you,

how much I love you, how much I love you,

how much I love you, how much I love you,

how much I love you, how much I love you,

how much I love you, how much I love you,

how much I love you, how much I love you,

how much I love you, how much I love you,

how much I love you, how much I love you,

how much I love you, how much I love you,

how much I love you, how much I love you,

how much I love you, how much I love you,

how much I love you, how much I love you,

how much I love you, how much I love you,

how much I love you, how much I love you,

how much I love you, how much I love you,

how much I love you, how much I love you,

how much I love you, how much I love you,

how much I love you, how much I love you,

how much I love you, how much I love you,

I LOVE YOU

how much I love you, how much I love you,

how much I love you, how much I love you,

how much I love you, how much I love you,

how much I love you, how much I love you,

how much I love you, how much I love you,

how much I love you, how much I love you,

how much I love you, how much I love you,

how much I love you, how much I love you,

how much I love you, how much I love you,

how much I love you, how much I love you,

how much I love you, how much I love you,

how much I love you, how much I love you,

how much I love you, how much I love you,

Chapter 7

Walking

Every step we take is in perfect rhythm, and just like the rhythm in my heart, every beat is saying...

I love you, I love you, I love you,

I love you, I love you, I love you,

I love you, I love you, I love you,

I love you, I love you, I love you,

I love you, I love you, I love you,

I love you, I love you, I love you,

I love you, I love you, I love you,

I LOVE YOU

I love you, I love you, I love you,

I love you, I love you, I love you,

I love you, I love you, I love you,

I love you, I love you, I love you,

I love you, I love you, I love you,

I love you, I love you, I love you,

I love you, I love you, I love you,

I love you, I love you, I love you,

I love you, I love you, I love you,

I love you, I love you, I love you.

I love you, I love you, I love you,

I love you, I love you, I love you,

Walking

I love you, I love you, I love you,

I love you, I love you, I love you,

I love you, I love you, I love you,

I love you, I love you, I love you,

I love you, I love you, I love you,

I love you, I love you, I love you,

I love you, I love you, I love you,

I love you, I love you, I love you,

I love you, I love you, I love you.

I love you, I love you, I love you,

I love you, I love you, I love you,

I love you, I love you, I love you,

I LOVE YOU

I love you, I love you, I love you,

I love you, I love you, I love you,

I love you, I love you, I love you,

I love you, I love you, I love you,

I love you, I love you, I love you,

I love you, I love you, I love you,

I love you, I love you, I love you,

I love you, I love you, I love you,

I love you, I love you, I love you.

I love you, I love you, I love you,

I love you, I love you, I love you,

I love you, I love you, I love you,

Walking

I love you, I love you, I love you,

I love you, I love you, I love you,

I love you, I love you, I love you,

I love you, I love you, I love you,

I love you, I love you, I love you,

I love you, I love you, I love you,

I love you, I love you, I love you,

I love you, I love you, I love you,

I love you, I love you, I love you.

I love you, I love you, I love you,

I love you, I love you, I love you,

I love you, I love you, I love you,

Chapter 8

Your Scent

When you are near me, the scent of your body fills my lungs with ecstasy, and all I can think of is...

I love you, I love you, I love you,

I love you, I love you, I love you,

I love you, I love you, I love you,

I love you, I love you, I love you,

I love you, I love you, I love you,

I love you, I love you, I love you,

I love you, I love you, I love you,

Your Scent

I love you, I love you, I love you,

I love you, I love you, I love you,

I love you, I love you, I love you,

I love you, I love you, I love you,

I love you, I love you, I love you,

I love you, I love you, I love you,

I love you, I love you, I love you,

I love you, I love you, I love you,

I love you, I love you, I love you,

I love you, I love you, I love you.

I love you, I love you, I love you,

I love you, I love you, I love you,

I LOVE YOU

I love you, I love you, I love you,

I love you, I love you, I love you,

I love you, I love you, I love you,

I love you, I love you, I love you,

I love you, I love you, I love you,

I love you, I love you, I love you,

I love you, I love you, I love you,

I love you, I love you, I love you,

I love you, I love you, I love you.

I love you, I love you, I love you,

I love you, I love you, I love you,

I love you, I love you, I love you,

Your Scent

I love you, I love you, I love you,

I love you, I love you, I love you,

I love you, I love you, I love you,

I love you, I love you, I love you,

I love you, I love you, I love you,

I love you, I love you, I love you,

I love you, I love you, I love you,

I love you, I love you, I love you,

I love you, I love you, I love you.

I love you, I love you, I love you,

I love you, I love you, I love you,

I love you, I love you, I love you,

I LOVE YOU

I love you, I love you, I love you,

I love you, I love you, I love you,

I love you, I love you, I love you,

I love you, I love you, I love you,

I love you, I love you, I love you,

I love you, I love you, I love you,

I love you, I love you, I love you,

I love you, I love you, I love you,

I love you, I love you, I love you.

I love you, I love you, I love you,

I love you, I love you, I love you,

I love you, I love you, I love you,

Chapter 9

Our Dance

When we dance, I never stumble, and when I hold you, I never miss a step. As we glide dancing across the floor, my mind is singing...

>   I love you, I love you, I love you,

>   I love you, I love you, I love you,

>   I love you, I love you, I love you,

>   I love you, I love you, I love you,

>   I love you, I love you, I love you,

>   I love you, I love you, I love you,

I LOVE YOU

I love you, I love you, I love you,

I love you, I love you, I love you,

I love you, I love you, I love you,

I love you, I love you, I love you,

I love you, I love you, I love you,

I love you, I love you, I love you,

I love you, I love you, I love you,

I love you, I love you, I love you,

I love you, I love you, I love you,

I love you, I love you, I love you,

I love you, I love you, I love you.

I love you, I love you, I love you,

Our Dance

I love you, I love you, I love you,

I love you, I love you, I love you,

I love you, I love you, I love you,

I love you, I love you, I love you,

I love you, I love you, I love you,

I love you, I love you, I love you,

I love you, I love you, I love you,

I love you, I love you, I love you,

I love you, I love you, I love you,

I love you, I love you, I love you.

I love you, I love you, I love you,

I love you, I love you, I love you,

I LOVE YOU

I love you, I love you, I love you,

I love you, I love you, I love you,

I love you, I love you, I love you,

I love you, I love you, I love you,

I love you, I love you, I love you,

I love you, I love you, I love you,

I love you, I love you, I love you,

I love you, I love you, I love you,

I love you, I love you, I love you,

I love you, I love you, I love you.

I love you, I love you, I love you,

I love you, I love you, I love you,

Our Dance

I love you, I love you, I love you,

I love you, I love you, I love you,

I love you, I love you, I love you,

I love you, I love you, I love you,

I love you, I love you, I love you,

I love you, I love you, I love you,

I love you, I love you, I love you,

I love you, I love you, I love you,

I love you, I love you, I love you,

I love you, I love you, I love you.

I love you, I love you, I love you,

I love you, I love you, I love you,

Chapter 10

Your Smile

The way you smile puts a smile on my face, and when you smile, I just want to grab you and squeeze you and look into your eyes and say...

I love you, I love you, I love you,

I love you, I love you, I love you,

I love you, I love you, I love you,

I love you, I love you, I love you,

I love you, I love you, I love you,

I love you, I love you, I love you,

Your Smile

I love you, I love you, I love you,

I love you, I love you, I love you,

I love you, I love you, I love you,

I love you, I love you, I love you,

I love you, I love you, I love you,

I love you, I love you, I love you,

I love you, I love you, I love you,

I love you, I love you, I love you,

I love you, I love you, I love you,

I love you, I love you, I love you,

I love you, I love you, I love you.

I love you, I love you, I love you,

I LOVE YOU

I love you, I love you, I love you,

I love you, I love you, I love you,

I love you, I love you, I love you,

I love you, I love you, I love you,

I love you, I love you, I love you,

I love you, I love you, I love you,

I love you, I love you, I love you,

I love you, I love you, I love you,

I love you, I love you, I love you,

I love you, I love you, I love you.

I love you, I love you, I love you,

I love you, I love you, I love you,

Your Smile

I love you, I love you, I love you,

I love you, I love you, I love you,

I love you, I love you, I love you,

I love you, I love you, I love you,

I love you, I love you, I love you,

I love you, I love you, I love you,

I love you, I love you, I love you,

I love you, I love you, I love you,

I love you, I love you, I love you,

I love you, I love you, I love you.

I love you, I love you, I love you,

I love you, I love you, I love you,

I LOVE YOU

I love you, I love you, I love you,

I love you, I love you, I love you,

I love you, I love you, I love you,

I love you, I love you, I love you,

I love you, I love you, I love you,

I love you, I love you, I love you,

I love you, I love you, I love you,

I love you, I love you, I love you,

I love you, I love you, I love you,

I love you, I love you, I love you.

I love you, I love you, I love you,

I love you, I love you, I love you,

CHAPTER 11

Your Eyes

I love the color of your eyes, I like it when you hold me, and I like when we hold hands. There are many, many other reasons as to why...

I love you, I love you, I love you,

I love you, I love you, I love you,

I love you, I love you, I love you,

I love you, I love you, I love you,

I love you, I love you, I love you,

I love you, I love you, I love you,

I LOVE YOU

I love you, I love you, I love you,

I love you, I love you, I love you,

I love you, I love you, I love you,

I love you, I love you, I love you,

I love you, I love you, I love you,

I love you, I love you, I love you,

I love you, I love you, I love you,

I love you, I love you, I love you,

I love you, I love you, I love you,

I love you, I love you, I love you,

I love you, I love you, I love you.

I love you, I love you, I love you,

Your Eyes

I love you, I love you, I love you,

I love you, I love you, I love you,

I love you, I love you, I love you,

I love you, I love you, I love you,

I love you, I love you, I love you,

I love you, I love you, I love you,

I love you, I love you, I love you,

I love you, I love you, I love you,

I love you, I love you, I love you,

I love you, I love you, I love you.

I love you, I love you, I love you,

I love you, I love you, I love you,

I LOVE YOU

I love you, I love you, I love you,

I love you, I love you, I love you,

I love you, I love you, I love you,

I love you, I love you, I love you,

I love you, I love you, I love you,

I love you, I love you, I love you,

I love you, I love you, I love you,

I love you, I love you, I love you,

I love you, I love you, I love you,

I love you, I love you, I love you.

I love you, I love you, I love you,

I love you, I love you, I love you,

Your Eyes

I love you, I love you, I love you,

I love you, I love you, I love you,

I love you, I love you, I love you,

I love you, I love you, I love you,

I love you, I love you, I love you,

I love you, I love you, I love you,

I love you, I love you, I love you,

I love you, I love you, I love you,

I love you, I love you, I love you,

I love you, I love you, I love you.

I love you, I love you, I love you,

I love you, I love you, I love you,

Chapter 12

Companionship

Being with you is heartwarming and easy. I feel comfortable, I feel content, and I am always thinking that...

    I love you, I love you, I love you,

    I love you, I love you, I love you,

    I love you, I love you, I love you,

    I love you, I love you, I love you,

    I love you, I love you, I love you,

    I love you, I love you, I love you,

Companionship

I love you, I love you, I love you,

I love you, I love you, I love you,

I love you, I love you, I love you,

I love you, I love you, I love you,

I love you, I love you, I love you,

I love you, I love you, I love you,

I love you, I love you, I love you,

I love you, I love you, I love you,

I love you, I love you, I love you,

I love you, I love you, I love you,

I love you, I love you, I love you.

I love you, I love you, I love you,

I LOVE YOU

I love you, I love you, I love you,

I love you, I love you, I love you,

I love you, I love you, I love you,

I love you, I love you, I love you,

I love you, I love you, I love you,

I love you, I love you, I love you,

I love you, I love you, I love you,

I love you, I love you, I love you,

I love you, I love you, I love you,

I love you, I love you, I love you.

I love you, I love you, I love you,

I love you, I love you, I love you,

Companionship

I love you, I love you, I love you,

I love you, I love you, I love you,

I love you, I love you, I love you,

I love you, I love you, I love you,

I love you, I love you, I love you,

I love you, I love you, I love you,

I love you, I love you, I love you,

I love you, I love you, I love you,

I love you, I love you, I love you,

I love you, I love you, I love you.

I love you, I love you, I love you,

I love you, I love you, I love you,

I LOVE YOU

I love you, I love you, I love you,

I love you, I love you, I love you,

I love you, I love you, I love you,

I love you, I love you, I love you,

I love you, I love you, I love you,

I love you, I love you, I love you,

I love you, I love you, I love you,

I love you, I love you, I love you,

I love you, I love you, I love you,

I love you, I love you, I love you.

I love you, I love you, I love you,

I love you, I love you, I love you,

Chapter 13

Yearning Feeling

When you are away from me, I yearn and yearn and yearn to be with you. I keep thinking over and over and over again how much I love you,

    I love you, I love you, I love you,

    I love you, I love you, I love you,

    I love you, I love you, I love you,

    I love you, I love you, I love you,

    I love you, I love you, I love you,

    I love you, I love you, I love you,

I LOVE YOU

I love you, I love you, I love you,

I love you, I love you, I love you,

I love you, I love you, I love you,

I love you, I love you, I love you,

I love you, I love you, I love you,

I love you, I love you, I love you,

I love you, I love you, I love you,

I love you, I love you, I love you,

I love you, I love you, I love you,

I love you, I love you, I love you,

I love you, I love you, I love you.

I love you, I love you, I love you,

Yearning Feeling

I love you, I love you, I love you,

I love you, I love you, I love you,

I love you, I love you, I love you,

I love you, I love you, I love you,

I love you, I love you, I love you,

I love you, I love you, I love you,

I love you, I love you, I love you,

I love you, I love you, I love you,

I love you, I love you, I love you,

I love you, I love you, I love you.

I love you, I love you, I love you,

I love you, I love you, I love you,

I LOVE YOU

I love you, I love you, I love you,

I love you, I love you, I love you,

I love you, I love you, I love you,

I love you, I love you, I love you,

I love you, I love you, I love you,

I love you, I love you, I love you,

I love you, I love you, I love you,

I love you, I love you, I love you,

I love you, I love you, I love you,

I love you, I love you, I love you.

I love you, I love you, I love you,

I love you, I love you, I love you,

Yearning Feeling

I love you, I love you, I love you,

I love you, I love you, I love you,

I love you, I love you, I love you,

I love you, I love you, I love you,

I love you, I love you, I love you,

I love you, I love you, I love you,

I love you, I love you, I love you,

I love you, I love you, I love you,

I love you, I love you, I love you,

I love you, I love you, I love you.

I love you, I love you, I love you,

I love you, I love you, I love you,

Chapter 14

My Love

You are the one who makes me happy, you are the one who cheers me up, you are the one who makes me laugh, and that's why...

    I love you, I love you, I love you,

    I love you, I love you, I love you,

    I love you, I love you, I love you,

    I love you, I love you, I love you,

    I love you, I love you, I love you,

    I love you, I love you, I love you,

My Love

I love you, I love you, I love you,

I love you, I love you, I love you,

I love you, I love you, I love you,

I love you, I love you, I love you,

I love you, I love you, I love you,

I love you, I love you, I love you,

I love you, I love you, I love you,

I love you, I love you, I love you,

I love you, I love you, I love you,

I love you, I love you, I love you,

I love you, I love you, I love you.

I love you, I love you, I love you,

I LOVE YOU

I love you, I love you, I love you,

I love you, I love you, I love you,

I love you, I love you, I love you,

I love you, I love you, I love you,

I love you, I love you, I love you,

I love you, I love you, I love you,

I love you, I love you, I love you,

I love you, I love you, I love you,

I love you, I love you, I love you,

I love you, I love you, I love you.

I love you, I love you, I love you,

I love you, I love you, I love you,

My Love

I love you, I love you, I love you,

I love you, I love you, I love you,

I love you, I love you, I love you,

I love you, I love you, I love you,

I love you, I love you, I love you,

I love you, I love you, I love you,

I love you, I love you, I love you,

I love you, I love you, I love you,

I love you, I love you, I love you,

I love you, I love you, I love you.

I love you, I love you, I love you,

I love you, I love you, I love you,

I LOVE YOU

I love you, I love you, I love you,

I love you, I love you, I love you,

I love you, I love you, I love you,

I love you, I love you, I love you,

I love you, I love you, I love you,

I love you, I love you, I love you,

I love you, I love you, I love you,

I love you, I love you, I love you,

I love you, I love you, I love you,

I love you, I love you, I love you.

I love you, I love you, I love you,

I love you, I love you, I love you,

CHAPTER 15

Respect

I see the goodness in you, I see the patience in you, and I see how you respect me. These things make me feel secure, and I want you to know how much...

    I love you, I love you, I love you,

    I love you, I love you, I love you,

    I love you, I love you, I love you,

    I love you, I love you, I love you,

    I love you, I love you, I love you,

    I love you, I love you, I love you,

I LOVE YOU

I love you, I love you, I love you,

I love you, I love you, I love you,

I love you, I love you, I love you,

I love you, I love you, I love you,

I love you, I love you, I love you,

I love you, I love you, I love you,

I love you, I love you, I love you,

I love you, I love you, I love you,

I love you, I love you, I love you,

I love you, I love you, I love you,

I love you, I love you, I love you.

I love you, I love you, I love you,

Respect

I love you, I love you, I love you,

I love you, I love you, I love you,

I love you, I love you, I love you,

I love you, I love you, I love you,

I love you, I love you, I love you,

I love you, I love you, I love you,

I love you, I love you, I love you,

I love you, I love you, I love you,

I love you, I love you, I love you,

I love you, I love you, I love you.

I love you, I love you, I love you,

I love you, I love you, I love you,

I LOVE YOU

I love you, I love you, I love you,

I love you, I love you, I love you,

I love you, I love you, I love you,

I love you, I love you, I love you,

I love you, I love you, I love you,

I love you, I love you, I love you,

I love you, I love you, I love you,

I love you, I love you, I love you,

I love you, I love you, I love you,

I love you, I love you, I love you.

I love you, I love you, I love you,

I love you, I love you, I love you,

Respect

I love you, I love you, I love you,

I love you, I love you, I love you,

I love you, I love you, I love you,

I love you, I love you, I love you,

I love you, I love you, I love you,

I love you, I love you, I love you,

I love you, I love you, I love you,

I love you, I love you, I love you,

I love you, I love you, I love you,

I love you, I love you, I love you.

I love you, I love you, I love you,

I love you, I love you, I love you,

www.ingramcontent.com/pod-product-compliance
Ingram Content Group UK Ltd.
Pitfield, Milton Keynes, MK11 3LW, UK
UKHW022221230426
12048UKWH00016BA/981

9 781662 867965